Zhongguo Wenhua
Zhishi Duben

中国文化知识读本

主编 金开诚

编著 金 影

武当山古建筑群

吉林出版集团有限责任公司

吉林文史出版社

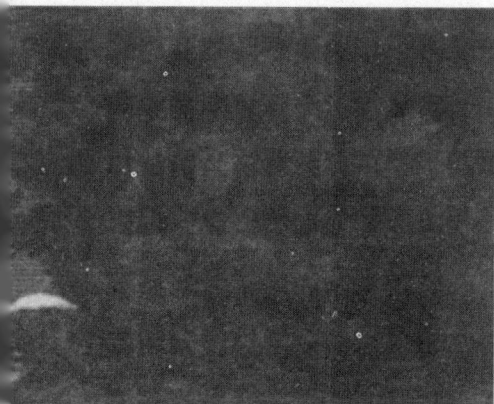

图书在版编目（CIP）数据

武当山古建筑群 / 金影编著 . —长春：吉林出版
集团有限责任公司：吉林文史出版社，2009.12（2022.1重印）
（中国文化知识读本）
ISBN 978-7-5463-1947-6

Ⅰ . ①武… Ⅱ . ①金… Ⅲ . ①武当山－古建筑－简介
Ⅳ . ① K928.3

中国版本图书馆 CIP 数据核字（2009）第 236889 号

武当山古建筑群

WUDANGSHAN GU JIANZHUQUN

主编/ 金开诚 编著/金影

责任编辑/曹恒　崔博华 责任校对/樊庆辉

装帧设计/曹恒 摄影/金诚 图片整理/董昕瑜

出版发行/吉林文史出版社 吉林出版集团有限责任公司

地址/长春市人民大街4646号 邮编/130021

电话/0431-86037503 传真/0431-86037589

印刷/三河市金兆印刷装订有限公司

版次/2009 年 12 月第 1 版 2022 年 1 月第 5 次印刷

开本/650mm×960mm 1/16

印张/8 字数/30千

书号/ISBN 978-7-5463-1947-6

定价/34.80元

关于《中国文化知识读本》

　　文化是一种社会现象，是人类物质文明和精神文明有机融合的产物；同时又是一种历史现象，是社会的历史沉积。当今世界，随着经济全球化进程的加快，人们也越来越重视本民族的文化。我们只有加强对本民族文化的继承和创新，才能更好地弘扬民族精神，增强民族凝聚力。历史经验告诉我们，任何一个民族要想屹立于世界民族之林，必须具有自尊、自信、自强的民族意识。文化是维系一个民族生存和发展的强大动力。一个民族的存在依赖文化，文化的解体就是一个民族的消亡。

　　随着我国综合国力的日益强大，广大民众对重塑民族自尊心和自豪感的愿望日益迫切。作为民族大家庭中的一员，将源远流长、博大精深的中国文化继承并传播给广大群众，特别是青年一代，是我们出版人义不容辞的责任。

　　《中国文化知识读本》是由吉林出版集团有限责任公司和吉林文史出版社组织国内知名专家学者编写的一套旨在传播中华五千年优秀传统文化，提高全民文化修养的大型知识读本。该书在深入挖掘和整理中华优秀传统文化成果的同时，结合社会发展，注入了时代精神。书中优美生动的文字、简明通俗的语言、图文并茂的形式，把中国文化中的物态文化、制度文化、行为文化、精神文化等知识要点全面展示给读者。点点滴滴的文化知识仿佛繁星，组成了灿烂辉煌的中国文化的天穹。

　　希望本书能为弘扬中华五千年优秀传统文化、增强各民族团结、构建社会主义和谐社会尽一份绵薄之力，也坚信我们的中华民族一定能够早日实现伟大复兴！

目录

一、起源及文化底蕴

名扬四海的天下名
山——武当山

　　提起"武当"二字，人们脑海中首先浮现的就是金庸笔下的"武当派"。"武当派"与少林寺均因精湛渊博的武术为世人所尊崇，俗话说"北崇少林，南尊武当"，足可见武当在江湖中的地位非同一般。"武当派"以响当当的名门正派身份名闻天下，武当山则以天下名山、仙山而家喻户晓。从地理位置上看，武当山在春秋战国时期是楚、秦、韩三国交界处；从战略位置上看，这里山高壑深，地势险要，又兼交通要道，历来为兵家必争之地。因此，有人说"武当山"名的由来，与历史上兵家以武当为屏障抵挡外力有关——武当者，武力阻挡也。而据民间相传称，道教信奉的"真武大帝"就是在此得道升天，"武当"之名是由"非真武不足当之"而得来。

武当山又名太和山、参上山、谢罗山、仙室山等，为世界文化遗产，位于湖北省丹江口市。东连襄樊市，南依神农架林区，西接十堰市，北临丹江口水库。横贯山麓，承南接北，东西贯通，山水辉映，交通便利。武当山景区为312平方公里，有"七十二峰、三十六岩、二十四涧、十一洞、三潭、九泉、十池、九井、十石、九台"等自然胜景。峰奇涧险，洞谷幽深。主峰天柱峰海拔1612米，其余各峰均倾向天柱，一峰挺拔，众峰稽首，形恭参拜，山势奇特，蔚为奇观。

奇特绚丽的武当山自然景观

在古代，武当山以"亘古无双胜境，天下第一仙山"的显赫地位，成为千百年来人们顶礼膜拜的"神峰宝地"。在当代，武当山被誉为古建筑群与自然环境的巧妙结合，达到了"仙山琼阁"的意境，成为我国著名的游览胜地和宗教活动场所。如今武当山的道观建筑群已被列入世界遗产。

（一）起源及发展

武当山古建筑起源可追溯至很早。秦

汉时，就有许多隐士、道众到此结茅为庵。有史记载，皇帝敕建始于唐代。唐贞观年间（627—649年），太宗敕建五龙祠；大历年间（766—779年）建"太乙""延昌"等庙宇；乾宁三年(896年)又建"神威武公新庙"。宋真宗时，升五龙祠为五龙观；宋宣和年间（1119—1125年）创建紫霄宫。元代时建成九宫八观。明永乐年间，永乐皇帝遣隆平侯张信、驸马都尉沐昕、礼都侍郎金纯、工部右侍郎郭琎等率军民夫匠三十多万人，用十二年时间，在武当山长达160里的建筑线上建成九宫九观等三十三处建筑群。成化、嘉靖年间，又有所扩建和增建，使武当山成为当时全国

武当山五龙宫

武当山古建筑群

004

武当山古建筑一隅

最大的道场。据不完全统计，明代有各种建筑
五百多处，大小为楹二万多间。清代至民国，
或毁于兵火，或遭破坏，或坍塌，武当山建筑
规模逐渐缩小。

武当山古建筑群是根据《真武经》中真武
修真的神话来设计布局的，突出了真武信仰的
主题。在《真武经》中，真武的出生地为净乐国。
因此，在均州城外建有净乐宫；五龙、紫霄、
南岩为真武修炼之地；玉虚宫，因真武被封为
"玉虚师相"而得名；真武曾领元和廷校府事
而建元和观；回龙观、回心庵、磨针井、太子坡、
龙泉观、上下十八盘、天津桥、九渡涧等无不
与真武修真的神话有关。这样，就营造了一种

依山势而建的武当山古建筑群

浓厚的宗教气氛，使朝山香客一进入武当山，就沉浸在真武修真的神话氛围中，潜移默化地加深了对真武的信仰和崇敬。

武当山古建筑群的整体布局是以天柱峰金殿为中心，以官道和古神道为轴线向四周辐射。北至响水河旁石牌坊 80 公里，南至盐池河佑圣观 25 公里，西至白浪黑龙庙 50 公里，东至界山寺 35 公里。在这些建筑线上，采取皇家建筑法式统一设计布局，整个建筑规模宏大，气势雄伟，主题突出，井然有序，构成了一个完美的整体，堪称我国古代建筑的杰作。

武当山古建筑群还体现了道教"崇尚自然"的思想，保持了武当山的自然原始风貌。工匠们按照明成祖朱棣"相其广狭""定其规制""其山本身分毫不要修动"的原则来设计布局。营建武当山的材料不是就地取材，而是从陕西、四川等地采买运来。《太和山志》记："建武当宫观，材木采买十万有奇，悉自汉口江岸，直抵均阳，置堡协运。"明代诗人王世贞诗云："少府如流下自撰，蜀江截流排豫章。"可见，当时建筑木材不是就地砍伐，这样就很好地保护了武当山的植被。在营建时，

坐落在崇山峻岭中的武当山
太和宫

充分利用峰峦的高大雄伟和岩涧的奇峭幽邃，
使每个建筑单元都建造在峰、峦、岩、涧的合
适位置上，其间距的疏密、规模的大小都布置
得恰到好处，使建筑与周围环境有机地融为一
体，达到时隐时现、若明若暗、玄妙超然、混
为一体的艺术效果。

　　综观全山整个建筑，荟萃了我国古代优秀
建筑法式，集中体现了皇宫的宏伟壮丽，道教
的神奇玄妙，园林的幽静典雅，民间的淳朴节
俭等多种特色，形成了丰富多彩的传统建筑风
格。明代张开东把武当山的建筑称为："补秦
皇汉武之遗，历朝罕见；张金阙琳宫之胜，亦

寰宇所无。"明代诗人洪冀圣诗曰："五里一庵十里宫，丹墙翠瓦望玲珑。楼台隐映金银气，林岫回环画镜中。"现当代许多建筑专家考察武当山后称赞说："武当山古建筑群是我国古代劳动人民在建筑史上的一个伟大创举，是古代规划、设计、建筑的典范，也是世界建筑史上的奇迹。"1982 年，国务院公布武当山为全国重点风景名胜区时，称武当山古建筑群工程浩大，工艺精湛，成功体现了"仙山琼阁"的意境，犹如我国古建筑成就的展览。

古老的楼阁掩映在青山翠柏间

武当山古建筑群

008

（二）古建筑群概况

现在武当山古建筑群主要包括太和宫、南岩宫、紫霄宫、遇真宫四座宫殿，玉虚宫、五龙宫两座宫殿遗址，以及各类庵堂祠庙等共200余处。建筑面积达5万平方米，总占地面积达100余万平方米，规模极其庞大。被列入的主要文化遗产包括：太和宫、紫霄宫、南岩宫、复真观、"治世玄岳"牌坊等。

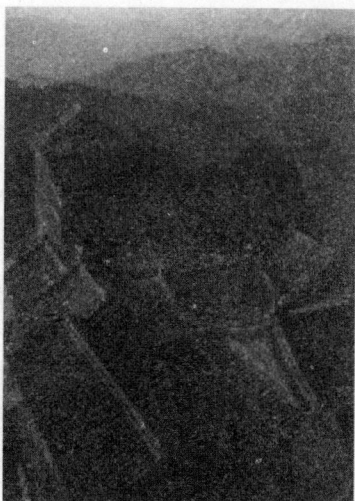

俯瞰武当山太和宫

太和宫位于武当山主峰天柱峰的南侧，包括古建筑20余栋，建筑面积1600多平方米。太和宫主要由紫禁城、古铜殿、金殿等建筑组成。紫禁城始建于明成祖永乐十七年（1419年），是一组建筑在悬崖峭壁上的城墙，环绕于主峰天柱峰的峰顶。古铜殿始建于元大德十一年（1307年），位于主峰前的小莲峰上，殿体全部由铜铸构件拼装而成，是中国最早的铜铸木结构建筑。金殿始建于明永乐十四年（1416年），位于天柱峰顶端，是中国现存最大的铜铸镏金大殿。

南岩宫位于武当山独阳岩下，始建于元至元二十二年（1285年）。现保留有天乙真庆宫石殿、两仪殿、龙虎殿等建筑共

气势雄伟的武当山紫霄
宫正殿紫霄殿

21栋。

紫霄宫是武当山古建筑群中规模最为宏大、保存最为完整的一处道教建筑，位于武当山东南的展旗峰下，始建于北宋宣和年间（1119—1125年），明嘉靖三十一年（1552年）扩建。主体建筑紫霄殿是武当山最具有代表性的木结构建筑，殿内有金柱36根，供奉玉皇大帝塑像，其建筑式样和装饰具有明显的明代特色。

"治世玄岳"牌坊又名"玄岳门"，位于武当山镇东4公里处，是进入武当山的第一道门户。牌坊始建于明嘉靖三十一年（1552年），

武当山古建筑群

坊身全部以榫铆拼合，造型肃穆大方，装饰华丽，雕刻有多种人物、花卉的图案，堪称明代石雕艺术的佳作。

此外，武当山各宫观中还保存有各类造像1486尊，碑刻、摩岩题刻409通，法器、供器682件，还有大量图书经籍等，也是十分珍贵的文化遗存。

武当山古建筑群自然景观与人文景观融为一体，集中体现了中国古代建筑装饰艺术的精华。在这里还衍生出武当道教、武当道乐和武当武术等文化范畴的精髓，为中华民族的传统文化增添了新内容。

武当山玄岳门

（三）文化底蕴——道教圣地武当山

武当山是我国著名的道教圣地之一。武当道教是中国道教的一个重要流派，它的教理教义与中国道教的教理教义同出一辙。武当道教是"以武当山为本山，以信仰真武——玄武，重视内丹修炼，擅长雷法及符箓禳，强调忠孝伦理、三教融合"为主要特征的一种道教派别。

真武，即元武，"元"通"玄"，故又名玄武。宋真宗赵恒因避所尊圣祖赵玄朗名讳，改玄武为真武，尊为"佑圣帝君"，沿袭至今。据《真武本传神咒妙经》记，玄武是太上老君八十二化身，于远古黄帝时，降为净乐国太子，后经其师紫元君超度，到武当山修炼四十二年，功成道满，升天成神，被玉皇大帝封为"玄天上帝"，镇守北方。因此，武当山被道教尊为玄天真武上帝的修炼圣地。

武当山在春秋至汉代末期，已是古代宗教重要活动场所，许多达官贵人到此修炼。诸如周大夫尹喜，汉武帝的将军戴孟，著名方士、炼丹家马明生、阴长生曾隐此山修炼。东汉末期道教诞生后，武当山逐步成为中原道教活动中心。汉末至南北朝

武当山龙头香

武当山古建筑群

武当山建筑飞楣斗拱，雕梁画栋，精美绝伦

时，由于社会动荡，数以百计的士大夫或辞官不仕，或弃家出走，云集武当山辟谷修道。同时，出现了有关真武的经书。晋朝的谢允、徐子平，南北朝的刘虬等均弃官入山修炼。《誓愿文》记，被佛教尊为"天台宗三祖"之一的慧思，六朝时入武当山访道。《神仙鉴》记，蜀汉军师诸葛亮曾到武当山学道。房中甫撰的《扬帆美洲三千年》记载，在美洲秘鲁的山洞内发现一尊手提铜牌的 5 世纪造的裸体女神像，铜牌上铸着"武当山"三个汉字。可见，在南北朝时，武当山已名传海外了。

隋唐时期，武当道场得到封建帝王的推

古老的武当山建筑简而不陋

武当山古建筑群

崇。李唐自称为老子的后裔，认为老子是李唐的祖宗，并扶持和崇奉道教，使之成为三教（儒、释、道）之首。而使武当道教受到皇室重视的还是姚简。唐贞观年间，天下大旱，飞蝗遍地，皇帝下诏于天下名山大川祷雨，俱未感应，武当节度使姚简奉旨在武当山祷雨而应，遂敕建五龙祠。这是皇帝在武当山敕建的第一座祠庙。此时，许多著名高道隐居武当山修道，诸如姚简、孙思邈、陶幼安、吕洞宾等。唐末，武当山已被列为道教七十二福地中的第九福地。

宋元时，由于封建统治者极力推崇和宣扬武当真武神，使真武神的神格地位不断提高，

武当山建筑群依山势而起伏

武当山九连蹬道

促使武当道教形成，在社会上的影响日益扩大。宋真宗赵恒于天禧二年(1018年)，加封真武号为"真武灵应真君"，令建祠塑像崇祀，将五龙祠升为观。宋仁宗赵祯推崇真武为"社稷家神"，并建真武庙塑像崇祀。徽宗、宁宗、理宗等都为真武封号，虔诚祭祀。著名道士邓若拙、房长须、谢天地、孙寂然等人入山修道，宣传道经，使武当道教得到进一步发展。

元朝时，道教深受元朝统治者的恩宠，武当山成为元朝皇帝"告天祝寿"的重要道场，武当道教得到充分发展，香火旺盛。"三月三日，相传神始降之辰，士女会者数万，金帛之施，云委川赴。"著名道士汪真常、叶云莱、张守清等迅速发展教团组织，武当道教的社会影响越来越大，武当山成为与天师道本山——龙虎山齐名的道教圣地。

明代，武当山一直被历代皇帝作为"皇室家庙"来扶持，并把武当真武神作为"护国家神"来崇祀，武当山的地位升华到"天下第一仙山"，位尊五岳之上，成为全国道教活动中心，呈现了二百多年的鼎盛局面。明太祖朱元璋崇奉真武神，为后裔诸帝崇奉真武神奠定了基础。把武当道教推向鼎盛的皇帝则是明成祖朱棣。朱棣是朱元璋的第四子，初封燕王，就藩北京，镇守北方。朱元璋去世后，其长孙朱

斑驳的墙壁上记录着历史的变迁

允炆即位。朱棣以"清君侧"为名，兴"靖难之师"，一举夺取他侄儿朱允炆的政权。为巩固政权，朱棣自称真武保佑他和他父亲取得天下，他为报神恩，于永乐十年(1412年)遣隆平侯张信、驸马都尉沐昕、礼部尚书金纯、工部右侍郎郭琎在元代旧址上建成九宫九观等三十三处庙宇。继成祖后，明朝历代皇帝、皇亲贵族、地方官吏、四方信士又在这里兴建和扩建庙宇。明世宗朱厚熜又于嘉靖三十一年(1552年)遣臣率湖广军民在武当山进行大规模重建和扩建，使武当道教宫观空前宏大。明朝皇帝为直接统治武当道场，自成祖始，历代都遣内臣(太监)和藩臣提督武当山的一切事务，直接对皇室负责。成祖从全国钦选400名

武当山九连蹬道

武当山古建筑群

018

道行高深的道士到武当山办道，又从中钦选23名德高望重的道士授为正六品提点，具体管理各大宫观。同时，把武当山数百里山场赏赐给道观，调555名（户）犯人到此耕种，供赡道士。永乐至隆庆年间（1403—1572年）曾遣22名内臣、48名藩臣住山提督，钦授提点191名，分管各宫观。到嘉靖（1522—1566年）时，全山各大宫观有道士少则三四百人，多则五六百人，全山有道官、道众、军队、工匠等一万余人，朝武当者络绎不绝。明代张开东在《大岳赋》中描述其盛："踵磨石穿，声号山裂。"可见当时的繁荣景象。

武当山灵官殿内的壁画和钢鞭

　　清代统治者偏重佛教，不重视道教，因此，武当道教日趋衰落。但在民间，各地信士到武当山的进香活动仍十分兴盛。新中国成立后，党和政府奉行"宗教信仰自由"政策，武当道教发生了很大变化，道众们恢复了正常的宗教活动。特别是改革开放以后，武当道教得到全面发展。1984年，成立了武当山道教协会组织，制定了《武当山道教协会章程》和各宫观管理制度，国务院把紫霄宫、太和宫收归武当山道协管理，并作为重点宗教活动场所

武当山石碑

对外开放。

　　武当山以道教文化为主体，派生出的历史文化遗产非常丰富，其中特色突出的有古代建筑、文物、道教音乐、武当武术、武当医药、山水文学等。

二、物质遗产

武当山古建筑群中的主要遗产有太和宫、南岩宫、紫霄宫、复真观和"治世玄岳"石坊等。

（一）太和宫

太和宫是中国著名的道教宫观之一，是武当山古建筑群的主体。

太和宫位于天柱峰顶端，距武当山镇35公里，明代任自垣编的《大岳太和山志》记，武当山，古名太和山，今名大岳太和山，大岳天柱峰上的金殿称为太和宫，到清代时则把明朝建的朝圣殿称为太和宫，并沿袭至今。太和宫，明永乐十年（1412年）敕建，历时十四年竣工。敕建朝圣殿、钟鼓楼、元君殿、父母殿、诵经堂、神库、神厨、斋堂、真宫

武当山太和宫塔殿

武当山古建筑群

堂、朝圣堂、廊庑、察室共计 78 间，赐额"大
岳太和宫"。到嘉靖时，太和宫扩大到 520 间。

　　"太和"就是"道"。这一组瑰丽精巧的
建筑群，处于孤峰峻岭之上。殿宇楼堂依山傍
岩，布局巧妙。周围层峦叠嶂，起伏连绵。烟
树云海，气象万千，把太和宫衬托得更为瑰丽
神奇。明朝孙应有《太和宫》诗描绘其景之妙：
"天柱开金阙，虹染缀玉墀。势雄中汉表，气
浑太初时。日月抵双壁，神灵肃万仪。名山游
历遍，谁似此山奇。"正殿内从前供奉着明宪
宗（1465—1487 年在位）御制的金像两尊，银
质饰金从官像四尊。现在供奉着真武铜像和金

武当山"一柱擎天"石刻

童、玉女、邓伯文、杨戬、赵公明、温天君、马天君、水火二将等木、泥质地的造像，雕塑手法细腻，形象逼真。殿门两旁置两块铜牌，一块是明嘉靖二十九年（1550年）敕建苍龙岭雷坛设金像的御碑；另一块是嘉靖三十一年（1552年）遣工部左侍郎陆述等致祭碑。殿前是朝拜殿，两旁为钟鼓楼，悬挂着巨大的饰龙纽铜钟，高1.57米，直径1.43米，明永乐十三年（1415年）铸造，击之万山回应，如滚惊雷。殿前崛起一台，玉枝云叶招展，美如宝莲，名曰"小莲峰"，峰岩上刻有"一柱擎天"四个大字，字体苍劲浑朴，别具一格；还嵌着李宗仁先生游武当的题诗碑刻。峰顶崇台上置一小铜殿，通高 2.9 米，面阔 2.7 米，进深 2.6 米，由本山道士米道兴、王道一化缘，湖北、河南等地的信士在元大德十一年 (1307 年) 募资铸造，为我国现存最早的一座铜殿，极为珍贵。此殿原放在天柱峰巅，明永乐十四年 (1416 年) 因其规模小，移至于此，又名"转运殿"，亦名"转展殿"。殿后窦间阴暗无光，只容一人侧身而过。相传，环绕铜殿转一圈，可转运得福。数百年来，凡上山游人，都要到此寻乐觅趣，以冀侥幸转运得福。铜殿东南临大壑，西面双峰雄峙，中间如斧劈玉琢的石门。进入石门，只见石台之上，竖立着一座饰龙纽的巨大铜钟。传说此钟为峨眉山的宝钟，寅夜

武当山转运殿

武当山上的古树

飞来，飞到这里时鸡叫天明，大钟便落了下来，因此人们称这里为吊钟台，此钟为飞来钟。吊钟台左右不远，有两口石池，碧水清澈，素称"凤凰池"和"天池"，传说是凤凰为了给工匠寻水造福，用嘴啄成的。池水清冽，据传饮之能健胃，洗之可爽身明目，十分奇妙。

武当山金殿

1. 金殿

从太和殿旁循石阶而上，可到天柱峰顶，也就是武当山最著名的金殿所在。武当山的最高峰，海拔 1612 米，上建有古今天下第一金殿、太和宫、黄经堂、转运殿等，被誉为白云上的紫禁城。建于 1416 年，是武当山最精华的部分，有"不上金顶就不算来过武当山"之说。有海马吐雾、飞蚁来朝、陆

被薄雪覆盖的武当山金顶

海奔潮、金殿倒影等奇观。

金殿，俗称"金顶"。建造于明代永乐十四年(1416年)，面阔进深各三间，高5.54米，宽4.4米，深3.15米，全系铜铸镏金仿木构建筑，重檐迭脊，翼角飞举，脊饰龙、凤、鱼、马等珍禽异兽，古朴壮观，下设圆柱十二根，作宝装莲花柱础，斗拱檐椽，结构精巧，额枋及花板上，雕铸流云等装饰图案，线条柔和流畅，图案清秀美丽。殿基以花岗石砌成，周绕石雕栏杆，庄严肃穆，美观大方。

殿内供奉铜铸镏金真武大帝造像，其像身着袍衬铠，披发跣足，丰姿魁伟，面容慈祥，金童玉女侍立左右，拘谨恭顺，娴雅俊逸；水火二将，擎旗捧剑，列立两厢，勇猛威严；神案下置"龟蛇二将"，蛇绕龟腹，翘首相望，生动传神，巧夺天工。殿内神案及案上供器，均为铜铸镏金之品，上悬清康熙皇帝御书"金光妙相"金盾，藻井之上悬挂一颗铜质镏金宝珠，相传此珠可镇山风，使其不能进入殿内，确保殿中神灯长明不灭，故人称"避风珠"。殿体为分件铸造，结构严谨，连接精密，毫无铸凿之痕，虽经五百余年风霜雨雪及雷电侵袭，至今仍金碧辉煌，宏丽如初，是我国古代建筑和铸造工艺之中的稀世珍宝，属国家重点文物保护单位。殿前两楼，一曰"金钟"，一

武当山上的长桥

曰"玉磬"，均是铜铸建造，铸于明代嘉靖四十二年(1563年)。殿下峰腰绕石城一周，名紫金城，长达1.5公里，系以巨形条石依山势垒砌而成，蜿蜒起伏，雄伟壮观，外临悬崖，险峻超俗，东、西、北三面紧临绝壁，唯南面开门可通下山之道，此城建于明代永乐二十一年(1423年)。登临金顶，举目远眺，四周群峰环峙，苍翠如屏，八百里武当秀丽风光尽收眼底。群峰起伏犹如大海的波涛奔涌在静止的瞬间，众峰拱拥，八方朝拜的景观神奇地渲染着神权的威严和皇权的至高无上。

金殿是武当山的象征，也是武当道教在

远观古建筑群，座座楼宇镶嵌在葱翠的山林里，气势磅礴，美轮美奂

武当山古建筑群

皇室扶持下走向鼎盛高峰的标志。金殿是当时中国等级最高的建筑规制，高5.45米，殿顶翼角飞举，上饰龙凤、海马、仙人等吉祥之物，栩栩如生。金殿整体为铜铸，外饰镏金，结构殿身的立柱、梁枋以及瓦鳞、窗棂、门槛等诸形毕备。各铸件之间严丝合缝，浑然天成。殿体各部分件采用失蜡法铸造，遍体镏金，无论瓦作、木作构件，结构严谨，合缝精密，是中国古代建筑和铸造工艺的灿烂明珠，是中国劳动人民智慧和古代科技水平的历史见证，堪称国宝。

武当山金殿侧影

这里，是智慧和创造力的集成，是美和艺术的展览。金殿内壁上浅雕流云纹饰，线条柔和而流畅；紫色地墁，洗磨光洁，色调和谐柔润；金殿内供奉的真武大帝、金童玉女和水火二将等神像，均为铜铸镏金，刻画细腻，性格鲜明，生动传神。此外，最为奇特的地方就是金顶的光球，每逢电闪雷鸣的时候，光球在金殿四周滚动，但霹雳却击不到金殿，金殿经受雷击后，不仅毫无损伤，无痕无迹，反而其上的烟尘锈垢被烧去，雨水一洗，辉煌如初。这一奇观被称为"雷火炼殿"。金殿造了已经有六七百年了，但还是完好如初，仍然

物质遗产

宏伟壮观的武当山紫金城

光彩夺目。

2. 古铜殿

位于天柱峰前小莲峰上。元代大德十一年(1307年)铸，高3米，阔2.8米，深2.4米，悬山式屋顶，全部构件为分件铸造，卯榫拼装，各铸件均有文字标明安装部位，格扇裙板上铸有"此殿于元大德十一年铸于武昌梅亭万氏作坊"，是中国现存最早的铜铸木结构建筑。

3. 紫金城

建于永乐十七年(1419年)，延天柱峰环绕，周长345米，墙基厚2.4米，墙厚1.8米，

城墙最高处达 10 米，用条石依岩砌筑，每块
条石重达 500 多千克，按中国天堂的模式建有
东、南、西、北四座石雕仿木结构的城楼象征
天门。该石雕建筑在悬崖徒壁之上，设计巧妙，
施工难度大，是明代科学与艺术相结合的产
物。

（二）紫霄宫

紫霄宫坐落在武当山的主峰——天柱峰
东北的展旗峰下，是武当山上保存较为完整的
宫殿古建筑群之一。自东天门入龙虎殿、循碑
亭、十方堂、紫霄殿至父母殿，层层殿堂，依

武当山紫宵宫的石阶

山叠砌，其余的殿堂楼阁，鳞次栉比，两侧为东宫、西宫，自成院落，幽静雅致，再加上四周松柏挺秀，竹林茂密，名花异草，相互掩映，使这片古建筑更显得高贵富丽。

紫霄宫，原建宫殿、廊庑、斋堂、亭台等860多间，赐额"太元紫霄宫"。紫霄宫背依展旗峰；面对照壁、三台、五老、蜡烛、落帽、香炉诸峰；右为雷神洞；左有禹迹池、宝珠峰。周围岗峦天然形成一把二龙戏珠的宝椅，明永乐皇帝封之为"紫霄福地"。从刻有"紫霄福地"额匾的福地殿，进入龙虎殿，青龙、白虎泥塑神像侍立两旁。沿数百级台阶循碑亭穿过十方堂，有一座宽敞的方石铺面的大院落，院上三层饰栏崇台，捧拱主殿紫霄殿。紫霄殿进深五间，重檐九脊，翠瓦丹墙。殿中石雕须弥座上的神龛内供奉真武神老年、中年、青年塑像和文武座像，两旁侍立金童玉女、君将等，铜铸重彩，神态各异，是我国明代艺术珍品。殿左放着一根数丈长的杉木，传说从远方飞来，故名"飞来杉"；又因在一端轻轻扣击，另一端可听到清脆的响声，而称为"响灵杉"，相传亦是明代遗物。大殿四周神龛内，陈列着数以百计的元、明、清代铸造的各种神像和供器，堪称我国铜铸艺术的宝库。

沧桑古朴的紫金城城墙

物质遗产

紫霄殿后为父母殿，崇台高举，秀雅俏丽，殿内正中的神龛上供奉真武神的父母，即净乐国王明真大帝和善胜皇后琼真上仙。左神龛内供奉的是观音，右神龛内供奉的是三霄娘娘等，称为百子堂，是昔日信女求儿女的地方。

（三）南岩宫

南岩，又名"霄岩"，因它朝向南方，故称作南岩。它的全称是大圣南岩宫，是武当山人文景观和自然景观结合得最完美的一处。始建于元至元二十二年至元至大三年(1285—1310年)，明永乐十年(1412年)扩建。位于独阳岩下，山势飞翥，状如垂天之翼，

坐落在半山腰的武当山南岩宫建筑

武当山古建筑群

以峰峦秀美而著称。据记载，在唐朝，八仙之一的吕洞宾就曾在南岩修道，至今这里还留有他作的一首诗。

南岩的古建筑，在手法上打破了传统的完全对称的布局和模式，使其与环境风貌达到了高度的和谐统一。工匠们巧借地势，依山傍岩，使个体精致小巧的建筑形成了大起大落、颇具气势的建筑群。

现存建筑 21 栋，建筑面积 3505 平方米，占地 9 万平方米。保留有天乙真庆宫石殿、两仪殿、皇经堂、八封亭、龙虎殿、大碑亭和南天门建筑物。主体建筑天乙真庆宫石殿，建于元至大三年 (1310 年) 以前，面阔 11 米，进深 6.6 米，通高 6.8 米，梁、柱、门、窗等均以青石雕凿而成。顶部前坡为单檐歇山式，后坡依岩，作成悬山式，檐下斗拱均作两跳，为辽金建筑斗拱的做法。龙头香，长3米，宽仅0.33米，横空挑出，下临深谷，龙头上置一小香炉，状极峻险，具有较高的艺术性和科学性。

在南岩万寿宫外的绝崖旁，有一雕龙石梁，石梁悬空伸出2.9米，宽约30厘米，上雕盘龙，传说是玄武大帝的御骑，玄武大帝经常骑着它到处巡视。龙头顶端雕一香炉，被称为"龙头香"。有些香客为了表示自己的虔诚，每次来朝武当，冒着生命危险去烧龙头香，坠岩而亡者不计其数。清康熙年间，

绝崖旁的龙头香

武当山古建筑群

川湖部院总督下令禁烧龙头香，并设栏门加锁，立碑告诫。碑文说，神是仁慈的，心诚则灵，不一定非要登到悬崖绝壁上烧香才算是对神的崇敬；所以不要重蹈覆辙，毁掉宝贵的生命。

南岩景观多而独特，有一峰兀起，景色秀美的飞升崖；有伸出绝壁的龙头香；有建在危崖上的古石殿；游人到此，无不称绝！史书盛赞南岩是"分列殿庭，晨钟夕灯，山鸣谷震"。在这里，把"晨钟暮鼓"用作了"晨钟夕灯"，说明了当时南岩建筑布局错落有致，到了晚上，这里的灯火成了别具特色的景观。

武当山上的香客络绎不绝

（四）复真观

复真观又名太子坡。据记载，明永乐十年，明成祖朱棣敕建玄帝殿宇、山门、廊庑等29间。明嘉靖三十二年扩建殿宇至200余间。清代康熙年间，曾先后三次修葺。现基本保持当年规模，是武当建筑群中一个较大的单元。其建筑布局严谨，起伏曲折，参差变化。

复真观背依狮子山，右有天池飞瀑，左接十八盘栈道，远眺似出水芙蓉，近看犹如富丽城池。古代建筑大师们，巧妙地利用山形地势，不仅创造出1.6万平方米的占地面积，而且建造殿宇200余间，结构出"一里四道门""九曲黄河墙""一柱十二梁""十里桂花香"等

武当山复真观

武当山古建筑群

著名景观。这座在武当山狮子峰 60 度陡坡上的古代建筑，被当今建筑学家赞誉为利用陡坡开展建筑的经典之作。

1. 九曲黄河墙

走进复真观的山门，看到在古道上依山势起伏建有 71 米长的红色夹墙，这就是九曲黄河墙。九曲黄河墙构思布局及用意都十分巧妙，流畅的弧形墙体，似波浪起伏，气势非凡；弯曲高大的红墙，对初来乍到的虔诚香客，无疑是一次"诚信"的考验。九曲黄河墙的墙体厚 1.5 米，高 2.5 米，浑圆平整，弧线流畅悦目；配以绿色琉璃瓦顶，犹如两条巨龙盘旋飞腾，无论从什么角度欣赏，都给人以美感，体现出皇家建筑的气派和豪华。

蜿蜒起伏的武当山九曲黄河墙

关于九曲黄河墙名称的来历，见仁见智。道教思想认为，给道教庙宇布施的道衣、经书、造像、建筑、法器、灯烛、钟磬、斋食、香表者，都可以得到神灵的佑护，称为"九种功德"。应该说，九曲黄河墙也是体现道教思想的一种建筑。

2. 复真观大殿

复真观大殿，又名"祖师殿"，是复真观神灵区的主体建筑，也是整个建筑群

历经沧桑的复真观大殿

的高潮部位。通过九曲黄河墙、照壁、龙虎殿等建筑物的铺垫渲染，在第二重院落突起一高台，高台上就是复真观大殿，富丽堂皇的大殿使人感到威武、庄严、肃穆，顿生虔诚之感。

复真观大殿敕建于明永乐十年，嘉靖年间扩建，明末毁坏严重，清康熙二十五年重修。因清代维修为地方官吏和民间信士捐资，难以保持原有建筑的皇家等级，反而增加了许多民间建筑做法。故通过大殿，可以同时看到明、清两代的建筑技术和艺术的遗存。

大殿内供奉真武神像和侍从金童玉女。

更值得一说的是，这一组巨大的塑像为武当山全山最大的彩绘木雕像，历六百年，仍灿美如新。

3. 五云楼

复真观的五云楼，也叫五层楼，高 15.8 米，是现存武当山最高的木构建筑。古代劳动人民在不开挖山体的情况下，完全依山势变化而建，取得了整体布局和实用性的双重最佳效果。

五云楼采用了民族传统的营造工艺，墙体、隔间、门窗均为木构，各层内部厅堂房间因地制宜，各有变化。五云楼最有名之处就是它最顶层的"一柱十二梁"，也就是说，在一根主体立柱上，有十二根梁枋穿凿在上，交叉叠搁，计算周密。这一纯建筑学上的构架，是古代木

檐牙高啄，精雕细刻的武当山古建筑

武当山五龙宫神像

武当山风景区正门

武当山古建筑群

结构建筑的杰作，历来受到人们的高度赞誉，因而也成了复真观里的一大奇观。

4. 太子殿

在复真观建筑群的最高处，耸立着明代建造的太子殿，小巧精致，又不失皇家建筑的气魄。太子读书殿里，布置得独具匠心，少年真武读书的壁画、石案、笔墨、古籍等，所营造的刻苦读书的氛围，让人联想到当年幼年太子生活学习的艰辛、信心和恒心。殿内供奉有铜铸太子读书像，是武当山唯一求学祈福之地。游客至此，仔细观察太子读书像的神态，认真领悟太子读书的专心，或许能使自己得到新的

太子读书殿前的树上系着学子们祈福的红带

启发和认识。

建太子读书殿，旨在突出幼年真武苦读经书的事迹。太子坡整体布局左右参差、高低错落、协调而完美，巧妙且富有神秘色彩。置身复真观的最高处，俯视深壑，曲涧流碧；纵览群山，千峰竞秀；每逢夕阳西下，还可见武当"太和剪影"的奇观。据传，莘莘学子来此瞻仰，可使学业有成。古往今来，有无数少年学子亲临观瞻，以建树学业的恒心和信心，现在，很多望子成龙的家长们也常来此地，以求事如意愿，子女成材。

利用狮子峰的特殊地形，古代建筑大师们

顺依山势的回转建起九曲黄河墙，进二道山
门豁然显出一宽阔院落，漫步走进，只见小
院重叠、幽静雅适，前有依岩而建的"五云楼"，
中有"皇经堂""藏经阁"，后有高台之上
的"太子殿"。整体布局协调而完美，充分
体现道教"清静无为"的思想内涵。数百年间，
复真观的人文景观被世人广为赞颂。

（五）"治世玄岳"牌坊

"治世玄岳"牌坊建于明嘉靖三十一年
（1552年），位于武当山镇东4000米处，为进

武当山"治世玄岳"牌坊

入武当山的第一道门户，又名玄岳门。"治世玄岳"四个字为嘉靖皇帝御笔所题，为古代武当山山门"玄岳门"石坊的俗称。这四个字的含义为：用武当道教及祀奉玄武神来治理天下。从这里可以看出明朝给予武当山的至高无上的政治地位，武当山作为明朝的"皇室家庙"，鼎盛二百多年也就不难理解了。

"治世玄岳"牌坊系石凿仿大木建筑结构，三间四柱五楼牌坊，高 11.9 米，阔 14.5 米。明间与次间之比为 5：3。坊柱高 6.4 米，柱周设夹杆石以铁箍加固。柱顶架龙门枋，枋下明间为浮雕，大小额枋上部出卷草花牙子雀替，承托浮雕上枋和下枋，枋间嵌夹堂花板，构成明间高敞、两侧稍低的三个门道。正楼架于龙门枋上，明间左右立枋柱，中嵌矩形横式牌匾。次间各分两层架设边楼、云板与次楼，构成宽阔高耸的正楼、边楼，由上而下，逐层外展的三滴水歇山式的坊楼，中嵌横式牌匾刻嘉靖皇帝赐额"治世玄岳"。此坊结构简练，构件富于变化，全用卯榫拼合，装配均衡严谨，坊身装饰华丽，雕刻精工，运用线刻、圆雕、浮雕等方法，雕刻了人

武当山建筑翘角飞檐，气势不凡

武当山古建筑群

"治世玄岳"牌坊工艺精细，展示了我国古代高超的石雕艺术水平

物、动物和花卉图案等，是南方石作牌楼之佳作，也是明代石雕艺术珍品。

治世玄岳石坊上的各类雕刻都蕴涵着丰富的寓意，其工艺精细、神奇美妙，堪称我国石雕艺术的精品，为举世罕见的珍贵文物。这一石坊还有一个重要意义，就是体现了道教"天人合一"的理念。按道教理念，从这里起，是人与神的分界线。向上走，即进入仙山武当，也寓意静乐国太子由人间进入仙境修炼；向下走则复还人间，古代有"进了玄岳门，性命交给神；出了玄岳门，还是阳间人"的说法。同时，这里还是人与天、地的分界线。从古均州到玄岳门为 60 华里，沿

武当山五龙宫一景

途建筑及空间为道教"人"的范畴；从玄岳门到武当南岩宫为 40 华里，这一段则为"地"的空间，也寓意太子在地的空间修炼，其间的建筑全部按太子修炼的传说而建；再从南岩到金顶为 20 华里，则为"天"的境界，同时，表明这里是太子修道升天后坐镇天下，赐福万民之仙境。从而形成天、地、人 1：2：3 的比率，恰好符合道教始祖老子"一生二，二生三，三生万物"，"人法地，地法天，天法道，道法自然"的哲学思维，突出了道教"崇尚自然""天人合一"的基本教义。

（六）玉虚宫

玉虚宫全称"玄天玉虚宫"，因真武神为"玉虚师相"，故名。明永乐年间大建武当山时，这里为大本营，故俗称"老营宫"。这里是武当山建筑群中最大的宫殿之一，位于老营的南山脚下，距玄岳门西约4公里。玉虚宫始建于明永乐年间，规制谨严，院落重重。现存建筑及遗址主要有两道长1036米的宫墙、两座碑亭、里乐城的五座殿基和清代重建的父母殿、云堂以及东天门、西天门、北天门遗址。这些残存的遗址，到今天仍有很强的感染力，颇值得观赏。

明朝时，这里常有军队扎营，嘉靖三十一

武当山"玉虚宫"遗址

年（1552年）重修。原为五进三路院落，有龙虎殿、启圣殿、元君殿、小观殿及一系列堂、祠、庙、坛等2200余间。前后崇台叠砌，规制谨严，左右院落重重，楼台毗连，其间玉带河萦回穿插。四周朱墙高耸，环卫玄宫。其规制之宏伟，与北京太和门太和殿的气派相似，"玉虚仿佛秦阿房"，由此可见玉虚宫当年何等气派。

在永乐十六年刻的碑文中，永乐皇帝引用道教经典叙述了"真武大帝"和武当山的关系，宣称他父亲朱元璋和他取得天下，都曾得到真武神的阴助默佑，因此在武当山建造宫观，表彰神功，报答神恩。嘉靖三十二年的碑文，则追述其祖宗永乐皇帝大建武当山的功绩。碑文中写道："二百年来，民安国阜，媲属隆三王，虽或一二气数不齐，边疆小惊，旋而殄灭。至如庚戌，内生大奸，旋用褪殛。"认为是神保佑。于是不惜耗费亿元资财，重修武当。当年的玉虚宫是城内套城，共有三城、即外乐城，里乐城和紫金城。三城都各有宫墙间隔连围，形成等级鲜明、规模宏大的宫城。当年

永乐皇帝朱棣像

武当山古建筑群

052

的玉虚宫是管理武当山的大本营，住在这里的
是皇帝钦选的武当提点都官至正六品。

　　清乾隆十年（1745 年）大部分建筑被毁。
现存建筑仅剩浑厚凝重的宫墙和宫门。宫墙壮
如月阑绕仙阙，宫门为精雕琼花须弥石座，券
拱三孔，两翼八字墙镶嵌琉璃琼花图案。门前
是饰栏台阶，朱碧交辉，壮美富丽。进宫门，
是占地 40 多亩的大院落，青砖铺地，开阔素雅；
穿过玉带河，是二宫门，层层高台拱举龙虎殿、
朝拜殿、正殿、父母殿等遗址；宫墙东为东宫，
亦名东道院，有砖室、浴堂、神厨、龙井等遗
址；宫墙西为西宫，有望仙台、水帘洞、御花

园、无梁殿等遗址。宫门内外有四座碑亭，巍然对峙。亭内各置巨大的赑屃（传说为龙王的六子）驮御碑。宫门内的两座碑亭中的石碑高 6 米，宽 2.35 米，厚 0.76 米，通高 9.03 米，它们的重量各达 100 多吨。这两座碑刻，一是永乐十一年（1413 年）为保护武当山道教的一道"圣旨"；一是永乐十六年（1418 年）大岳太和山和山道宫碑邸。宫门外有两座碑亭。四座碑文书体隽永圆润，碑额浮雕蟠龙，矫健腾舞，造型稳重虬劲。赑屃甲壳、肌肉部分有明显不同的质感，腿脚有运动负重之神态，尾卷一盘，呈使力承受高大的御碑之状。武当山现存巨大驮御碑十二座，为海内外罕

赑屃驮御碑

武当山古建筑群

见的石雕艺术品，极为珍贵。1935 年夏，山洪
暴发，数十万方沙泥直泄玉虚宫，大片房屋被
吞没，号称南方"故宫"的玉虚宫自此成为一
片残垣断壁。

（七）老君岩

　　老君岩现存遗址面积约两千平方米，它当
年所营造的是道教最高尊神居住的环境，即元
始天尊、灵宝天尊、道德天尊的寓所，也被称
为"三清境"。老君就是人们常说的太上老君，
他的名字叫李耳，是我国古代著名的哲学家，
他的五千字的《道德经》被道教奉为圣典，他
本人也被道教尊奉为始祖。武当道教是中国道

教的重要组成部分，那么武当山供奉老君也就不足为奇了。

老君岩是武当山发现的雕凿年代最早也是唯一的一座石窟。当年在石窟前还有23间道房，颇具规模。石窟正中凿刻老君像一尊。老君像坐姿端庄，呈天盘修炼状，面部虽已被人损坏，但观其整座石塑，确有唐代风格。在老君岩石窟的左边还有一摩崖石刻群，上面有"太子入武当""蓬莱九仙"等石刻。这样大面积的石窟及摩崖石刻，同时又汇集了宋、元、明、清四朝宗教祭典文字，这对研究武当山宗教及历史是难得的实物资料。

此外，在武当山的泰常观里就专门供奉着道教尊神——老子的圣像。这尊木雕老君像通

老子像

武当山古建筑群

初冬的武当山

武当山太常观

武当山南神道边一景

高 1.96 米，贴金彩绘，面容丰润，精神饱满；神态严肃但又慈祥，像在讲经说法，又似在沉思冥想，开辟"众妙之门"大智慧之人的超然的平静被表现得恰到好处。观此圣像，不能不为古代艺术巨匠的高超技艺所折服。

（八）武当山古神道

武当北神道位于天柱峰东北的丹江口市武当山镇。当地所产龙头拐杖、玉雕、木雕、陶瓷等工艺品，具有浓厚的地方特色。针井茶为传统名茶。襄渝铁路、老（河口）白（河）公路在此并行通过。武当山不仅拥有奇特绚丽的自然景观，而且拥有丰富多彩的人文景观。可以说，武当山无与伦比的美，是自然美与人文美高度和谐的统一，因此被誉为"亘古无双胜境，天下第一仙山"。

武当南神道位于武当山西南麓的丹江口市官山镇，距武当山金顶（天柱峰）仅有 5.7 公里，是豫川陕香客敬香的重要神道，素有武当后花园之美誉。这里群山如花，数峰如笋，大河如练，美景如画，民歌如潮。这里是八百里武当一块最原始、最神秘的幽静之地，由中国汉族民歌第一村——吕家河村和直通金顶的武当大峡谷两大景区组成，以九道河为玉带，像珍珠般串连着吕家河民歌村、红三军司令部旧址和新四军遗址、二龙戏珠、斩龙崖、尼姑岩、桃花洞、兰花谷、狮子滩、鬼谷子洞、天书谷、黑金沟大峡谷、龙潭、转运台、金蟾朝圣等众多景点。茂密的原始森林、清纯的小河流水，古朴天成，深受游客青睐，在这里能得到身心的最大放松，真正体会到世外桃源所带来的乐趣。

武当山西神道经丹江口市六里坪、官山外朝山、分道观分道开始登山，经过猴王庙、娃子坡、全真观遗址（有两株千年大银杏树）、长岭抵全龙观，计程 15 公里，现为四米宽水

武当山古神道上的石桥流水

笼罩在暮色里的武当山古建筑
宁静安然

泥公路。再登黄土岭，到乱石窖，交古韩粮道，依次经财神、黑虎、火神、山神四座石庙，上黄土垭，再攀青龙背、吊钟台，经太和宫上金顶，计程10公里。因位于天柱峰西侧，史称西神道。沿途古木参天，风景如画，东有深沟大壑的雷涧（东沟河），有金鼎、眉棱两峰左右矗立，七星（贪狼、巨门、禄存、文曲、廉贞、武曲、破军）峰南北屏立。

天桥沟瀑布位于盐池河镇政府所在地以东约9公里处，实则为一条山涧小溪，由东向西缓缓流出，长约3公里，溪水自天桥处折而向北流经百米高的悬崖跌宕而下形成瀑布。

武当山古建筑群

三、文化遗产

张三丰像

武当山神奇的自然风光与古建筑人文景观为道家文化的滋养繁衍提供了良好的土壤，而伴随道家文化的发展繁荣，也造就了武当山诸多的相关文化遗产。

（一）武当道家武术

明初，由朝廷钦选的各地各派道士四百余人来到了武当山，他们奉张三丰为祖师。于是，以张三丰为核心的武当武术派逐渐形成，它和少林武术一起，奠定了中华武术"北崇少林、南尊武当"的地位。

武当武术历史悠久，博大精深。元末明初武当道士张三丰集其大成，被尊为武当武术的开山祖师。张三丰将《易经》和

《道德经》

武当山古建筑群

062

闲暇时的武当山道士

《道德经》的精髓与武术巧妙融为一体，创造了具有重要养生健身价值，以太极拳、形意拳、八卦掌为主体的武当武术。后经历代武术家不断创新、充实、积累，形成中华武术一大流派。武当拳，亦名内家拳，这种拳法以养身练功、防身保健为宗旨。具有尚意不尚力，四两拨千斤，以柔克刚，后发制人，延年益寿，祛病御疾，增长智慧等多种特点和功能。目前，武当武术已流传到海内外，并成为人们养身保健、祛病延年的体育活动。

武当武术具有鲜明的道家文化特征，是武功和养生方法的天然结合体，既具有深厚的传统武术文化底蕴，又含有精湛的科学道理。太极拳强调"先以心使身"而后再以"身从心"，形意拳讲究"用意不用力，意到气到，气到力达"，八卦掌要求走转圈"化意念足"，这些都体现了道家"包藏至道"以达"想推用意终何在，益寿延年不老春"的健身宗旨，符合把形体训练与心理训练相结合的内养外练的运动观念。

武当武术理论体系和技术体系完整，它以"宇宙整体观""天人合一观"为宗旨，以"厚德载物""道法自然"为原则，以"动静结合""内外兼修"为方法，形成诸多各具特色的拳功剑法，既有功理和功法，也有套路操作和主旨要领，这些都集中体现在张三丰的《太极拳总论》《太极拳歌》和《太极拳十三式》三大经典之中。

2005年底，武当武术被纳入首批世界非物质文化遗产名录。武当博物馆特意为这位武学宗师设计了一面太极墙。无论太极拳随着时光的流逝怎样演变，张三丰所创立的这些最基础的招式已成为太极拳的精髓所在。这座大山用另一种方式永远地记住了这位具有传奇色彩的武当道人。

庄子说，阴阳为之道，阴阳演化太极。

武当山博物馆内景

武当山古建筑群

武当山有着深厚的道教文化内涵

古老的中国文化衍生出一门意蕴悠长的拳法。它的追随者从古至今，超越国界。阴阳融合，你中有我，我中有你，这是中国文化具象的表现。在道家眼中，"太极圆"是世间万物最本质的运动轨迹，也是自然周而复始的永恒主题。这些"圆"的运动，既表现出一种力的柔韧含蓄之美，又蕴涵着无穷的生机和活力。

无论内功心法，还是姿态体式，武当内家拳法都给人以仙风道骨的飘逸之感和唯美享受。这样的功夫，既能养生，又能健体，被武林界推崇了数百年之久，自然也在情理之中。如今，全世界有将近5亿人练习太极拳，它被称为强

历尽风雨沧桑的武当山，依然香火繁盛

身健体的最好武术门类。

无论寒暑，紫霄宫内总有道人修习武功心法。沉浸在太极的玄妙之中，意由心生，神游天地，时空仿佛自由穿梭于千百年间。

（二）武当道教音乐

武当道教音乐是中国道教音乐文化的重要组成部分，简称武当道乐。它承袭了远古巫觋舞乐传统，吸收了先秦时的民俗祭神音乐、宫廷音乐、民间音乐中的精华，根据道教特有的审美情趣，对之进行综合与改造，形成了独具神韵的道教音乐，有渲染法事情节，烘托宗教气氛的作用，并贯穿各项法事

道教音乐吸收了众多音乐形式的精华，形成了自己独特的风格

活动始终。武当道教音乐形成较早。东汉时，道教的《太平经》认为，音乐可以感天地，通神灵，安万民。东晋时，《元始无量度人经》认为，梵气之离合而成音，这种自然之音便是大梵的隐语。这样，道教音乐就成了天神的语言，赋予了它神圣性。南北朝时，北魏道士寇谦之改直诵为乐诵，把念诵经文与音乐结合起来，相互陪衬、烘托，融为一体。南朝刘宋道士陆修静，吸收儒家礼法，制订斋醮仪式，逐步规范化。唐宋时，已初具规模。唐代时，宫廷音乐传到武当山。五代武当著名道士陈抟熟读经书，音乐修养很高。南宋时，武当道士孙寂然奉旨入宫设醮倡道。元代时，由于历代皇帝推崇真武神，每年真武生日、天寿节及皇帝生日，皇室都直

接遣使到武当山建醮，使武当道乐得到发展。

明代，是武当道乐发展最辉煌的时期。由于武当道教受到明成祖朱棣的推崇，大建武当，使武当山成为"皇室家庙"，朱棣还亲自撰写《大明御制玄教乐章》，供武当道士演唱，并从全国各地钦选四百多名高道分派到武当山各宫观办道。祭祀也按宫廷制度设置"乐舞生"（受过宫廷祭祀音乐训练的御用演礼、诵经、奏乐的人），还经常在武当山设坛建醮，少则三天七天，长则四十九天。"在这类盛大的国家祀典中，道乐阵容庞大，不仅动用本山数百名道士，还行文全国各地征调道士协助，并抽调宫廷雅乐队来大壮声威"，在武当山形成了"仙乐忽从天外传""仙

道教乐器——木鱼

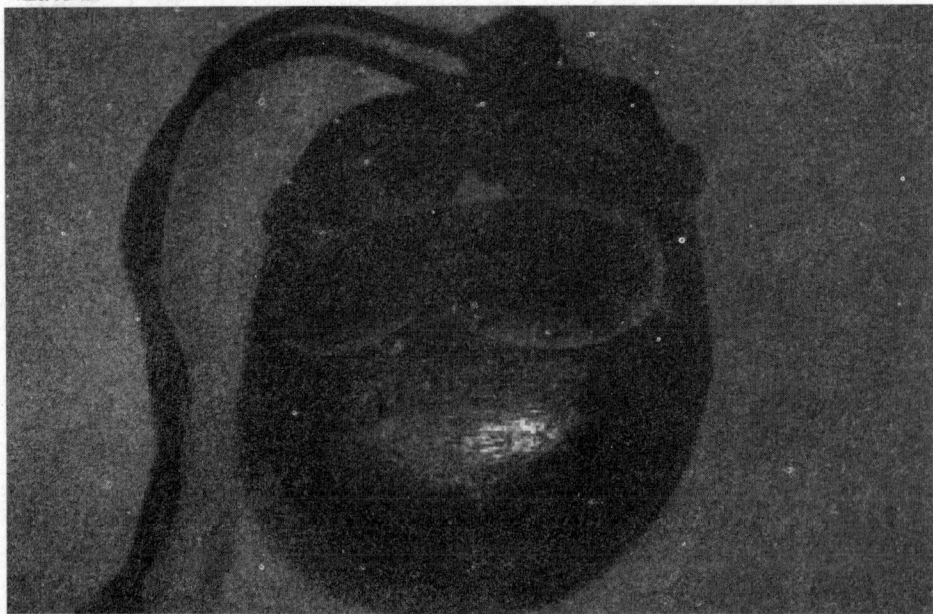

道教乐器——小钹

乐飘飘处处闻"的景象。这样，武当道乐不断完善和成熟。清代至民国时，由于道教不受官方重视，道众或出走，或还俗，通经乐者已不多，"盛极一时的武当道乐几乎声断音消"。

武当道乐是"歌舞乐"为一体的艺术形式，可分为"韵腔"和"曲牌"两大类。再根据演唱的场合和对象的不同，韵腔又分为阳调和阴调，曲牌分为正曲和耍曲。阳调，主要用于殿内祀典，配合课诵、演法，其对象是"神"，是在宗教内部活动中应用的歌曲；阴调，应用于殿堂外的斋醮道场活动，

道教乐器 ----- 鼓

对象是"人"，是在宗教外部活动中应用的歌曲。正曲，用于为神灵做法事；耍曲，主要用于为俗民做道场。演奏乐器有钟、鼓、吊锣、铙、钹、木鱼、笙、策、管、笛等。

武当道乐，既具有中国道教音乐的共性，又具有独特的个性特征。具体如下：

第一，庄严典雅的气质。唐至明代，武当道场受到皇室的重视，在武当山安置神像，科仪法事，配置乐舞生，纳入皇室官府议事日程。宫廷雅乐对武当道乐影响很大，因此，具有宫廷音乐庄严典雅的气质。

第二，混融一体的独特宗教韵味。武当山的全真、正一等派别的道士长期同室讽诵经乐，相互吸收，相互渗透，形成了既丰富多彩，又协调一致的武当仙乐神韵。

第三，南北交融的地方特色。武当山与川、陕、豫相邻，这一地区的民歌、曲艺、戏曲十分丰富，武当道乐受之影响。再者，皇室从全国各地钦选四百多名高道来武当山办道，外来道士常到武当丛林云游挂单，都对道乐的发展有一定影响。

第四，武当道乐还融合吸收了相当数量的佛教文化因素，因而具有道佛融合的宗教风格。

（三）武当道教医药

武当山药用植物极为丰富，被誉为"天

洪崖编钟

然药库"。明代著名医学家李时珍著的《本草纲目》记载的1800多种草药中，武当山就有400多种。据1985年药用植物普查，全山药材有617种，较名贵的有天麻、七叶一枝花、绞股蓝、何首乌、灵芝、黄连、盾叶薯蓣、江边一碗水、头顶一颗珠、天竺桂、千年艾、巴戟天等。其中，武当山绞股蓝皂甙含量为人参的三倍，被誉为南方人参，并被广泛用于抗癌药物；武当山的盾叶薯蓣，俗名黄姜、火头根，其单株皂甙元含量为16.15%，居全国之首、世界之冠。

武当山药用植物七叶一枝花

道教以追求长生不老、修炼成仙为最高目标，为此道教徒们不懈地探索、寻找长生不老的灵丹妙方。因此，民间历来就有"十道九医"之说。武当道教医药发展较早。汉武帝曾派大将军戴孟上武当山问医采药；唐代的孙思邈、宋代的高道陈抟均来武当山，或采购或修炼；明代大医学家李时珍也深入武当山采药……武当道教的一些养生方术，诸如行气、导引、调息、按摩等，都被纳入了中国养生领域；道教的外丹术则被纳入了制药领域，成为制药手段之一；道教的内丹术也大大丰富了中国传统医学理论和医疗手段。这样一来，就逐步形成了与传统医学既

李时珍像

有联系，又独具特色的武当道教医药。

（四）武当道家文物

武当山地区的文物丰富多彩，价值连城。现挖掘出土部分古生代—中生代—新生代动物化石。在磨针井、太子坡、南岩宫等处现存六件海洋无脊动物"直角化石"，是5亿年前与"三叶虫"并存的古生代动物。在武当山北麓习家店等地，发掘的白垩纪第三纪动物化石有淅川中原鸟、锥齿亚洲冠齿兽、脊齿亚洲冠齿兽、费氏方齿兽、小龙、戈壁恐角兽、恐龙蛋等，为中生代

直角化石

化石。1984 年，在武当山北大柏河挖掘出土一根象牙化石，重达二百多公斤，中心长 3.24 米，为一百万年前的遗物，是至今世界上发现最大的象牙化石。在武当北麓石鼓等地发现第四纪约六十万年前的鬣狗、犀牛、水牛、鹿等牙齿化石，还有猿人打磨石器时遗留的石片。除此之外，在武当山西北隅郧县发现约 100 万年—60 万年前的猿人牙化石三颗，又在该县弥陀寺发掘出土距今 240 万年的南方古猿头骨化石，在我国和亚洲都是首次发现，为更新纪中期人类头骨化石，定名为"郧县人"。这一发现填补了古人类研究中的重

郧县人颅骨化石

要缺环，证明武当山地区是人类发祥地之一。另外，还在山麓发现仰韶文化、马家窑文化、龙山文化遗址。

武当山最有特色的文物是道教文物。历代统治者及四方信士为崇奉真武神，特别是鼎盛时期的明代，曾制造数以万计的金、银、铜、铁、锡、瓷、石、木、泥等质地的象器或法器，安奉到武当山，把武当的各宫观陈列得富丽堂皇，被誉为"黄金白玉世界"。但由于历史上战乱及天灾人祸等多种因素，大量珍贵文物流失或毁坏。现存已注册的珍贵文物七千四百多件，分别列为国家一、二、三级文物。金殿内的真武、金童、玉女像为铜铸镏金，形象生动，逼真传神，均为国家一级文物。现存 12 座明朝御制的赑屃驮御石碑，玉虚宫 4 座、紫霄宫 2 座、南岩宫 2 座、五龙宫 2 座、净乐宫 2 座。其中，最高者 9.03 米，重达一百多吨，造型之美，形体之大，为我国罕见。明代御制瓷制武当山玄天上帝圣牌，高 1.01 米，宽 0.5 米，造型别致，由座、盖、边榜、牌心等七块构件组合而成，在须弥座上，

仰韶文化遗址

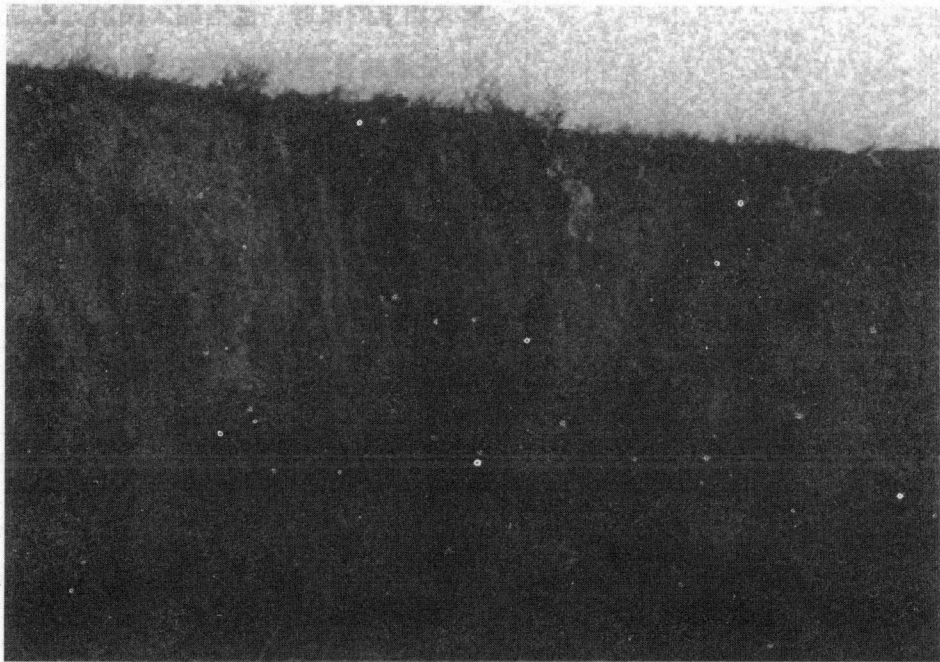

武当山吸引了众多游客前来观光

瓷塑流云仙鹤；两块边榜为二龙戏珠祥云图案；顶为如意形，作云涌祥云；牌心书"武当山玄天上帝圣牌"。既不同于皇室大庙里的灵牌，也不同于民间的祖宗牌，是道教灵牌中仅存的一例，具有十分重要的文物价值，被列入国家一级文物。1982年出土的明建文元年(1399年)由湘王令工制造的一条赤金龙，现存彩玉龟蛇钮玉玺，以及紫霄宫内保存的铁制铁树开花灯等，都是国家一级文物。现存一部《高上玉皇本行集经》，是明正统五年(1440年)御制，纸为泥青笺，全书字画均为金书，虽经五百多年，仍崭新如初，被誉为镇山之宝。全山尚存的各种文物均具有很高的科研和艺术观赏价值。故武当山有"道教文物宝库"之称。

四、武当传说

明太祖朱元璋像

（一）金殿的来历

传说，朱元璋打天下的时候，有一次和元军交锋，吃了败仗，全军溃散。他的拜把兄弟张大虎，背起朱元璋落荒逃跑。元军跟着步步紧追，越逼越近。到了小中南山，眼看就要被抓住了。忽然刮起一阵狂风，只见漫天飞沙走石，日月暗淡无光，使追兵不辨东西南北，迷了去路。朱元璋这才喘过一口气来，想吃点东西，找个地方休息休息。这时又听到人叫马嘶，分明元兵又追来了。前边有一棵大柏树，树旁有一座小茅庵，里边有个老道，披发赤足，凝神静坐，正在喃喃念经。

朱元璋已无处可躲了，便过去倒头跪下，苦苦哀求道士救命。

"贫道有心救你，就怕你以后出了头会忘记同生共死的穷弟兄。"

朱元璋赌咒说："过河拆桥，不会善终。我决不是那种没良心的人。"

"救了你，追兵烧掉我的茅庵，怎么办呢？"

朱元璋说："真要烧了你的茅庵，我就赔你一座金殿。"

那道士点点头，就叫他俩站到柏树下，

立刻便隐住了身子。元军就在身边来来往往，可他们就是看不见朱元璋和张大虎。后来，那柏树开满了金花，又香又好看。为此，人们就把小中南山的柏树改名为"金花树"。

追兵左找右找，不见朱元璋和张大虎，估计是被老道藏起来了，就里里外外搜查，一遍遍地盘问。道士一直装痴作呆，一问三不知，元兵气急败坏，便放火烧了茅庵，随后又追向前边去了。

朱元璋和张大虎从大柏树底下出来，看茅庵已成灰烬，却一不见老道的人，二不见老道的尸。这才恍然大悟：一定是真武大帝显灵，救了他们。于是扑地跪倒，千恩万谢。

道士让朱元璋和张大虎站到柏树下，施法隐去了他们，保全了他们的性命

朱元璋当上皇帝后，便忘记了过去的难兄难弟，建"庆功楼"，烧死了所有功臣

以后，朱元璋又到处招兵买马，重整旗鼓，终于推翻了元朝，成为明朝的开国皇帝。

朱元璋当上皇帝后，便忘记了过去的难兄难弟，担心他们功高权重，会和自己争着当皇帝。成天疑神疑鬼，听到难入耳的话，看到不顺眼的人，眼一眨就关，嘴一歪就杀。就这样还不放心，又定了一条毒计：盖了一座"庆功楼"，把有功的大臣都请来喝庆功酒。酒过三巡，都有了几分醉意，昏昏沉沉，他让人放了一把大火，把功臣们全都烧死了。只是跑出了一个张大虎。

张大虎看朱元璋这样狠毒，气愤地对他说："你这真是过河拆桥！当年对着真武大帝赌咒发誓，怎么就忘得一干二净呢？"

　　朱元璋又羞又恼，明白张大虎最知他的底细，生怕他到处乱说，索性也把他杀了。杀的人越多，朱元璋的疑心越重，觉着活人都不可靠了，而死人都要来报仇。终于变得精神恍恍惚惚，见到梁上的老鼠跑，他会惊叫："刺客，刺客！"听到风吹窗纸响，他又呼喊："敌人，敌人！"医治无效，眼看是活不久了。

　　有一天，朱元璋躺在病床上，昏昏沉沉见有人进来，仔细看时，竟是张大虎引着真武神。真武神怒斥道："朱元璋，你上欺天，下瞒地，犯下大罪，天理难容啊！"伸手到了朱元璋的

朱元璋的疑心越来越重，一点风吹草动都会让 他大呼小叫

面前。"快还我茅庵来。"说罢化成清风而去。

朱元璋吓得魂不附体，一身冷汗。半天才醒过来，把大臣和子孙喊到床前，嘱咐道："快赔真武神的茅庵！快为真武神造金殿！"说罢就死了。

朱元璋死后，他的儿子燕王朱棣抢了皇位，便在天柱峰上，为真武神建造了一座金殿。

（二）龙头香的由来

武当山南岩有条石头雕的龙，头顶香炉，远伸在悬崖外边，上不着天，下不着地，望一眼就使人毛骨悚然。过去道教信士们为了表达自己的诚意，曾有人上去烧香，十有八九都掉

武当山古建筑气势恢宏，富丽堂皇

武当山古建筑群

下崖去，粉身碎骨，不知死过了多少善男信女。原来它是孽龙变的，总在作孽害人。

传说，武当山下的汉江河边上，有一座龙山，龙山出了一条孽龙，每天兴妖作怪，在汉江河里撞翻往来船只，专吃落水的船工。老百姓恨透了这条孽龙，很想治治它。

人们听说真武大帝神通广大，便商量去请祖师爷来降孽龙。可是，去的人少了，怕请不动祖师。去的人多了，又怕惊动孽龙。大家想来想去，最后想出了一个好主意：凑集香会，朝山进香。

龙头香不知害死了多少善男信女

传说中，龙头香原来是孽龙变的

武当传说

老百姓要上武当山的事，不知怎么还是传到了孽龙的耳朵里。它变了个白胡子老头，来看动静。它见老百姓打着五彩旗，沿路烧香焚表，不像是去找真武告状的，便放下心来。再看前面举的那面黄旗，上面还绣着青龙。孽龙暗暗高兴，老百姓好尊敬自己呀！便不阻拦，喜滋滋地回汉江里去了。从那以后，人们朝山进香，就有了举龙旗、打彩旗、烧香表的规矩。

孽龙回到龙宫，摆开筵席，喝人血酿的酒，嚼人肉做的菜。正在扬扬得意，突然听到外面大喝一声："妖龙出来！"它窜出水面，见站着一位披发仗剑的道人，仔细一看，是

石阶如同腰带镶嵌在半山腰，环抱着武当山

武当山古建筑群

真武祖师，晓得自己中了山民的计策，转身想跑。祖师爷把七星剑一指，用"定身法"定住了孽龙。然后把它压到龙山底下。又叫人们在龙山顶上建了一座宝塔，将山镇住。

过了一些时候，真武下山来看孽龙改邪归正没有。孽龙一把鼻涕一把泪地哭着说："从今往后，再不敢作恶了。"真武见它还老诚，就把它放了。谁知这家伙口是心非，又害起人来。

老百姓又去请祖师爷来降妖，想了另外一个办法上山。孽龙听说了，又摇身一变，变了个白发老婆婆来看动静。见那两个上山的人，每人用一根铁钎子，打左嘴角扎进去，从右嘴角穿出来，不能说话，这叫做锁口带剑。孽龙心想：这两个人就是上了武当山，也不能说话。祖师爷哪能找到我头上来？它放心大胆回龙宫摆人肉筵席去了。

孽龙的人肉筵席还没散，祖师爷就赶来了。原来那两个山民，上了武当山金顶，把铁钎子拔去，在两个嘴角上抹点香灰，就能说话了。他们把孽龙作恶的事情告诉了真武。真武祖师又来了。孽龙知道又中

拾级而上，感受武当山独特的历史气息

了计，就自认受罚，让祖师爷再把它压在龙山底下。

祖师爷冷笑一声，说道："没这么便宜！你残害了多少良民，犯了多少大罪？如今要叫你受千人踩，万人踏！"就把它捉回武当山。路过南岩时，见这里到金顶有段路程，就叫孽龙凌空搭座长桥。

孽龙抬头一看，从南岩到金顶，足有几十里，生怕腰被香客们踩断了，刚从南岩边上向外伸出几尺远便吓得缩成一团，不敢动了。

真武哈哈一笑："平日你张牙舞爪，原来也是个胆小鬼！"就叫它爬到南岩边上，

害人的孽龙被真武制服，变作了龙头香

武当山古建筑群

头上放一个香炉，任香客们踩着它的脊梁，上去烧香。

谁知这条孽龙，还是孽性不改，不服惩罚，谁踩到它背上，它就头一翘，尾一摇，把谁摔到南岩底下跌死。

祖师爷在金顶上瞅见孽龙又在作孽，大怒。他拔出七星剑，指着孽龙大喝一声："变！"孽龙眨眼就变成了一条石头龙，永远不会动了。这便是人们今天看到的南岩宫"龙头香"。

（三）遇真宫——张三丰传奇

遇真宫背依凤凰山，四面山水环绕，过去曾叫做黄土城。

遇真宫在最鼎盛时，殿堂道房达四百间，

武当山遇真宫

武当传说

武当山上历经岁月洗
礼的断壁残垣

占地面积五万六千多平方米；其大殿是武当山
保存较完好的最具明初风格的建筑。而最让人
称道的是，遇真宫是皇帝专为一名武当道士修
建的，这名道士叫张三丰——一个武当山最具
传奇色彩的人物。

他是一名道士，当时人称"活神仙"。他
是一代武学宗师，传说练就不死之身。有人说
他生于元朝中期，卒于明初。有人说他活了
400多岁。

这是一个不老的传说。故事的主人公叫全
一，又名君宝，外号邋遢，但更多的人称他为
张三丰。

他行踪莫测，但有关他的故事却从未间

武当山古建筑群

断。关于他的外貌，传记作者们兴致勃勃地描述到：龟形鹤骨，大耳圆目。不论寒暑都只穿一身道袍、一件蓑衣；高兴时穿山走石，疲倦时铺云卧雪，但与之谈经论道，又无所不通，人人皆以为他是神仙中人。

扑朔迷离的各种传说中，只有《明史》严肃而肯定地记载着，张三丰曾去过一个地方——那就是湖北西北部的武当山。当时，武当山五龙宫、南岩宫和紫霄宫都因战火焚毁，张三丰带领徒弟将各宫观修葺一新后悄然离去。书中也同时指出，明太祖朱元璋久仰其大名，遣人去找，但不知所踪。

帝王们究竟有没有找到张三丰？他到底是传说中的人物，还是确有其人？捕风捉影七百年，似乎关于这位神仙的秘密都深藏在武当群山之中。而对他的苦苦寻觅，也就一次次将这座充满仙人之气的神山推到了人们的视线内。

如今的张三丰被供奉在紫霄宫朝拜殿内，经过无数追随者的粉饰雕刻，他从人成为了神。人们津津乐道于这位武学宗师的武功究竟是怎么练成的。而众多的版本

张三丰被供奉在紫霄宫朝拜殿内

武当功夫中有许多拳派和招式都以动物命名

中，流传最为广泛的，就来源于神龛旁的这幅壁画，它讲述了一个蛇雀相斗的故事。

每天，武当山逍遥谷内都有道人修习武功。在道教信徒的眼里，这座大山蕴涵着无穷生机，故修真学道之人于此山修炼，能将太和之精气通贯天人。这样一个具有生气的环境，武当内家功夫的养生特性也就随自然而生长。

从自然中来，与自然融为一体。因此，武当功夫中，以动物命名的拳派和招式也最多。譬如形意拳中鹰拳、蛇拳、猴拳、虎拳、熊拳，再如太极拳中以野马、黑虎、白猿、大鹏、白蛇等命名的招式，这大概也算是中国最早的"仿生学"了。

在金庸先生的《倚天屠龙记》中，张三丰先后收了七位弟子，号称"武当七侠"。他们都身怀绝技，得其太极拳与武当剑法之真传。文学作品多有虚构，不足为证。但事实与小说却有某些巧合，历史上，张松溪、张翠山两人曾投奔张三丰门下，而得其真传者仅张松溪一人。

关于这位武侠大师在武当山的生活，方志中记载，张三丰曾隐居修行于展旗峰下的太子洞。而他到底收过哪些弟子，民间传说最广泛的，首推曾资助朱元璋修南京城的大富豪沈万三。

实际上，张三丰故事的流传以及后来帝王们热烈的追捧，都源于他弟子的传播。只是这个人，并不是传说中的武当七侠，也不是沈万三。而是武当山五龙宫的一个叫邱玄清的道长。

五龙宫是武当山的龙脉所在，自唐太宗李世民建祠以来，历朝历代的皇帝对它不断扩建重修。明朝初年邱玄清来到五龙宫时，元末明初的战火让这座曾经辉煌的宫殿变得残破不堪。在当住持的十多年间，邱玄清重新修复了五龙宫，赢得了官府和老百姓对五

武当山五龙宫精美的建筑雕刻

龙宫的重视。管辖武当山的官吏很赏识他，推荐他到朝廷担任监察御司。果然，不久后邱玄清被朱元璋所看重，升为太常寺卿。

本来就信奉道教的朱元璋开始关注起张三丰。二十多年来，大明王朝在他的统治下一片祥瑞，百姓安居。然而，辛苦打造的这艘超级巨舰究竟能行驶多远，怎样才能惠及子孙万代，又有谁能助自己一臂之力呢？

帝王们又一次将目光投向了武当山。然而，不知是巧合还是张三丰的先知先觉。他似乎预料到朱元璋会苦苦寻找自己。洪武二十三年，张三丰离开了武当。史书记载，第二年，朱元璋派人前往武当，无功而返。

信奉道教的朱元璋想要张三丰帮助自己保住江山

武当山古建筑群

张三丰与武当山有着不解之缘

　　一次次没有结果的追寻并没有削减皇室子孙对张三丰的热情追捧。洪武末年，朱元璋的第十八个儿子朱柏来到了武当山。他此行最主要的目的就是寻访仙人。然而，一番辛苦后却被告之张三丰已经离去。遗憾之下，他留下了一首《赞张真仙诗》。

　　悬疑往往更容易催生传说，张三丰俨然已经成为武当山的一部分，如今的人们，笃信这位内外兼修的张真人一定与武当有不解之缘。

　　史料记载中，六百多年前，张三丰也是在这里开设会馆，教授徒弟。这是他千辛万苦寻来的一块宝地。当年，他神游八百里武当，沿展旗峰、梅子垭、仓房岭的山势而下时，他看见华麓山山势层叠起伏

武当山石雕饰栏和铜铸钟亭

如宝椅状，九渡涧环绕其间。武当山脉至此，千峦收敛。正是修宫建观的风水宝地，或许，武当的兴盛将从这里开始。面对苍茫群山，他无比感慨地说了这一句日后被载入史册的话："此山异日必大兴。"正是这句话，触动了一个帝王的心思。

此时的明成祖朱棣刚刚即位不久。虽然顺利从侄儿手中夺得了皇位，但篡位者的称呼总让他隐隐有些不安。他迫切地希望有人能帮助自己稳定民心，张三丰无疑是最合适的人选。更何况，这也是父皇未了的心愿。

永乐三年（1405 年），一道圣旨从北京发出，这是朱棣第一次遣人遍访张三丰于天下名山。此后的十多年间，朱棣六次遣人四处寻访张真仙。

永乐十五年（1417 年），武当山黄土城有了一座名为遇真宫的道观。它是明永乐皇帝朱棣特意为张三丰修建的道场。在无数次追寻以失望告终后，朱棣听说张三丰曾经在此建造会仙馆结庵授徒。为表虔诚之心，皇帝在原址兴建了这座道场，他希望张三丰云游四海后能到这里传道授业。

武当山紫霄殿前的香炉

对于武当来说，一个道人能受到的最高礼仪莫过于此了。在供奉玄帝的大山为一名道人修建宫观，这是道教名山中极为罕见的孤例。

坐北朝南的遇真宫，地势平缓。它背依凤凰山，面对九龙山，左有望仙台，右为黑虎洞，水磨河从宫前流过。这本是道家梦寐以求的宝地，辉煌时宫里共有二百余间殿宇道房。然而，1935年一场百年不遇的山洪，使百余间华屋被淤土埋没，变成一片平地，只留下山门内一座四合院式的古建筑，专为接待各方挂单道士和客人，道人称它为前宫。广

武当山灵官殿一角

武当山古建筑群

武当山冬日雪景

场东西对称而立的石门分别为东华门、西华门，是东西两宫的大门。至今，崇台遗址仍埋在一米多深的地下，唯有赭红色的宫墙依旧矗立。龙虎殿内空落落的真仙殿等了六百多年，始终没有等到仙人的造访。

武当山博物馆内珍藏着一块《贻赐仙像》碑，它是成化十三年（1477年）由河南南阳府邓州信士铸造。这块碑上，详细记录了明英宗封赠张三丰为"通微显化真人"的原委，这是对武当道人的最高封号。史料记载，自明太祖朱元璋开始，二百多年的明王朝皇室从未放弃寻访张三丰，但始终未见真人。

武当山古建筑雄伟而不失典雅

踏雪而来，无数的追随者寻求一种永恒的逍遥。仙人的身影已经远去，但寻访的脚步仍在继续……

（四）峭壁上的故宫探秘

武当山最让人感到惊讶，也是最让人迷恋的，就是那些依山而建的亭台宫殿。据说武当山的建筑群是中国规模最大的道

武当山铸铜仙鹤

教宫观建筑群。武当山修建道观的历史非常
久远。在魏晋南北朝时期就有了道士们修炼
的岩庙。到了唐朝又有了朝廷赐建的寺庙。
宋元时期，武当山供奉真武大帝的庙观就越
来越多。明朝永乐皇帝在北修故宫的同时，
南修武当。为了表示神权与皇权的威严，道
士们修炼也追求一个清静高远的地方，所以

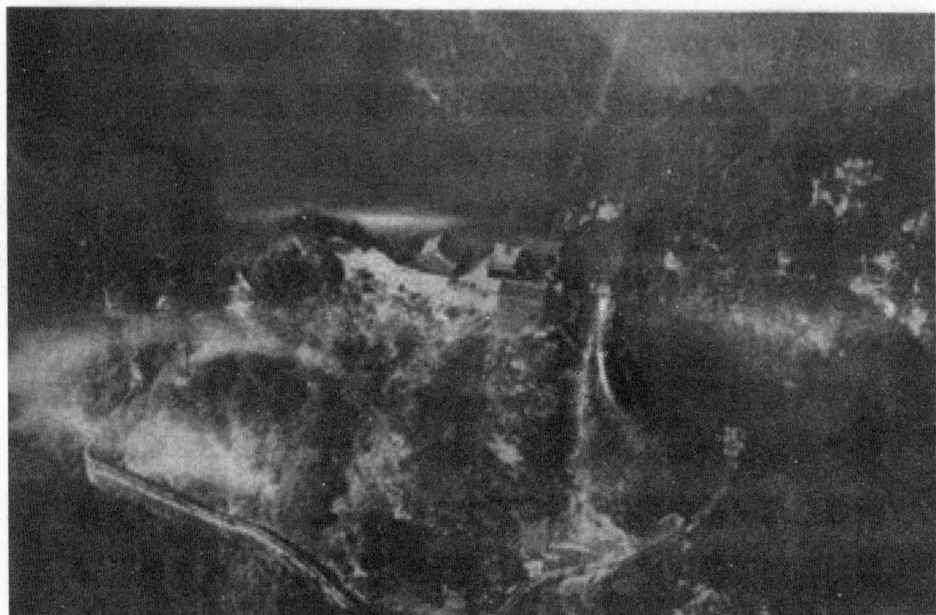

修建的许多庙观都在悬崖峭壁之上。

有人说武当山是"峭壁上的故宫"，这个说法是从这儿来的。

武当山，又叫"太和山"。由于地壳造山运动的结果，武当山几乎所有山峰都朝着主峰金顶，所以当地有个说法叫："七十二峰朝大鼎，二十四涧水常流。"

自中国东汉道教诞生以来，历代帝王曾数次在武当举行封山仪式，特别是在明代，武当山曾被皇帝敕封为"大岳"、"玄岳"，地位在"五岳"诸山之上。

据说从某个角度看，武当山主峰的山形

恰似一个昂头前行的神龟，而那些依山建造的宫殿楼宇，又恰似一条游动的金蛇，两者相得益彰，形成了龟蛇合体的图腾象征，据说这就是玄武的化身，也是道教追求的天人合一的表象。由于武当山是道教名山，又是皇家道场，所以在武当山有着信仰的神秘与建筑的奥妙。以致有很多海外的客人，并不知道武当山的真实存在。

武当山上最早的建筑应是修建于唐朝的"五龙宫"。到了元朝末年，由于战乱四起，武当山上的建筑大部分毁于兵乱。

为什么古人选在这里修建如此浩大的宫殿群，这似乎成了武当山最大的谜团。

明永乐十一年（1413年），明成祖朱棣在"靖难"之役后，成功登上了皇帝的宝座，他认为是真武大帝保佑了他，于是，在修故宫的同时，还开始史无前例地大修武当，派工部侍郎郭瑾等，役使三十多万军民工匠，在武当山大兴土木，用了十多年时间，建成了九宫八观，七十二岩庙等三十三处大型建筑群。此外，还铺砌了全山的石道。整个武当山成为一座"真武道场"。

与北京故宫不同的是，武当山的建筑

陡峭的武当山栈道

武当传说

在设计上充分利用了峰峦的高大雄伟和崖洞的奇峭幽邃，布局巧妙，将每个宫观都建造在峰峦岩洞间的合适位置，看上去宛如仙境，有一种神秘莫测的感觉。

无论是山上还是山下，宫观与宫观之间各具特点又互相联系，整个建筑群体疏密相宜，与周围林木、岩石、溪流和谐一体，相互辉映，宛如一幅天然图画。集中体现了我国古代建筑艺术的优秀传统。

在武当山的三十六岩中，最美的应该是南岩，南岩宫就在武当山独阳岩下，大约修建于 1285 年，它依山而建，雄踞在悬崖峭壁之上。现保留有南天门、天乙真庆

武当山南岩宫依山而建，雄伟奇拔

武当山古建筑群

104

北京故宫

万寿宫石殿、两仪殿、龙虎殿等建筑共 21 栋。特别是始建于元朝的天乙真庆万寿宫石殿，依然保留得非常完好，无论是天乙真人像，还是五百灵官，看上去都完美如初，栩栩如生。

在南岩宫的峭岩之上，有一个神秘的建筑，是一个伸出悬崖近 3 米的龙头石梁，它就是著名的"龙头香"。

当地有这样一种说法"北有故宫，南有武当"。那么故宫与武当究竟有什么关系，又有什么不同呢？

故宫和武当山当然有很大的不同。虽然它们都是同一个时代的建筑物。首先从它们施工

武当山道士的宗教活动

的角度来讲，故宫是在平原地代修建的，没有武当山那种复杂的地形。武当山工段施工的难度要更大一些。第二个方面，从建筑的风格来讲，故宫中轴线非常分明，它严谨、规整，是在平地上铺开的建筑。武当山的建筑是修建在悬崖峭壁之上，它要依山就势，顺其自然。体现道教天人合一的思想。第三个方面，从它们的用途来讲，故宫是皇帝处理国家大事的地方，在这些方面发挥作用。武当山是朝廷祭祀真武大帝的地方。很多朝廷的官员和民间信士，到武当山来祈祷真武大帝保佑风调雨顺，国泰民安。

武当山古建筑群

武当山的由来是不是和真武大帝有关，在道教经典里说，武当山这个名字是带有"非真武不足以当之"的意思。武当山整个建筑群，都供奉有真武大帝，体现了皇权与神权的接合，武当山的建筑群既体现了皇权要求的威武庄严，也体现了道教要求的神奇玄妙。

道教是发源于中国古代文化的本土宗教，从唐代修建了五龙祠以来，到了宋代直接为皇室服务的武当道教基本形成。明朝一直扶持武当道教，加封武当，扩建宫观，使它成为至高无上的皇室家庙、全国道教活动中心。

这里，不难看出隐藏在这些峭壁上的另一个秘密，那就是明成祖大修武当的真实目的，

奇险的武当山九连蹬道

不只是为了酬谢神灵，更是为了巩固统治。然而武当山的道教却没有因皇家的加盟，而改变了它的初衷。

复真观又叫太子坡，它位于武当山狮子峰前，大约修建于公 1412 年。它的修建本身就隐藏着说不清的秘密。因为它是依照真武大帝在此修道成仙的过程复制的。

从侧开的宫观大门望去，山势夹墙复道，不能让人一眼看透其中的隐秘。"九曲黄河墙"指的就是这段崎岖的琉璃瓦山墙，别看它蜿蜒在山坡之上，却也是天下绝佳的建筑杰作。这段宫墙不算长，却有着"一里四道门"的说法。

每当宫观的钟声响起，声音就会通过这弯弯曲曲的宫墙，传得很远。人们说：它与北京天坛的回音壁有异曲同工之妙。

从远处看去，整个道院的建筑，都体现出依山造势、重叠错落的建筑风格。其中最让人吃惊的秘密就是"一柱十二梁"。"一柱十二梁"，也被人们誉为"金柱"，它采用了十二根梁枋交叉叠搁，穿针式裂架和硬山式墙体，并通过变换屋面高低错落等方式，尽量使建筑臻于完善，从而达

武当山太和宫紫禁城城墙

武当山古建筑群

武当山山势奇特雄险

到了建筑技巧与功能技术的和谐与统一。

　　说武当山山势奇特，既有泰山之雄，又有华山之险，要说武当山最辉煌的建筑应该是"金殿"，就在主峰天柱峰的金顶上。金殿是一座铜铸镏金的建筑，是一件绝世的工艺珍品。当时人们在想，金殿在古代没有装避雷设施，在雷雨天，它怎么来避雷，实际上金殿本身就是一个导体。每当夏天雷雨时候，雷电和球状闪电在金殿的屋面上翻滚，雷电过后，我们看金殿，它灿然如新、金光夺目，所以当地人称之为"雷火炼殿"。据说金殿内还悬挂着一颗"避风仙珠"。中国传统小说《西游记》里面说道，孙悟空曾到武当山借这个"避风仙珠"，来制伏妖怪。至于说避风仙珠，这个还是后人给它附会的传说。金殿之所以里面灯火常明不熄，最重要的原因，就是它整个的铸造工艺非常精密，而外面又镏上黄金，这样，通体就可以防风。

当太阳把它的第一缕光芒洒在武当的山水之间时，这些位于武当山最高峰金顶上的建筑，首先沐浴在金色的光芒中。

这座金碧辉煌的镏金铜殿，是目前中国最大的铜铸镏金大殿，它始建于明永乐十四年（1416年）。

关于金殿的运输和安装，也许是武当山的

金碧辉煌的武当山金顶

武当山古建筑群

一个千古之谜。

从建筑特点上看，"金殿"确实采用了木建结构的方式，结构严谨，合缝精密，据说只是金属铸件就有三千多个，有人估计，整个金殿重达一百多吨。它虽经五百多年的严寒酷暑，至今仍辉煌如初。"金殿"代表了中国明代初年（15世纪）的科学技术和铸造工业的重大成就。

殿内塑有真武大帝的铜像，还有金童玉女侍奉左右，水火二将拱卫两厢，这些铜像如真人大小，面容庄严。在神坛的上方，有一块高悬的镏金匾额，上面铸有清代圣祖康熙大帝的手迹"金光妙相"四个字。

武当山九连蹬道

武当传说

武当山上山索道及停车场

整个金顶的太和宫是由紫金城、古铜殿、金殿等建筑组成。包括有古建筑20余栋，建筑面积1600多平方米。其中"紫金城"与北京故宫的"紫禁城"，仅一字之差。

从空中看去，金殿在武当山群峰之巅，恰似"天上瑶台金阙"，远离人间。这些峭壁上的宫殿代表了近千年的中国艺术和建筑的最高水平。

在武当山的脚下有一个叫老营的地

方，这个地方商旅贸易十分繁忙，是一个很繁华的地方，在元明时期，凡是军队驻扎的地方都叫老营。它就是指军队的大本营。可以想象，30万军民夫将，驻扎在武当山下，他们的生活用品，他们各种各样的需求，包括各种建筑材料的运送，都要通过这个地方周转，其繁华可想而知。

说到武当山，还有这样一种说法：一道道封建帝王的圣旨，让这个修建在悬崖峭壁上的武当山，上下弥漫着一种皇家氛围。但是，这些帝王将相们的足迹从来没有迈进过武当山山门。

武当山一景

武当传说

武当山究竟有多少块石碑，谁也数不清。武当山是根据真武大帝修仙神话，并且按照"君权神授"的意图营建的，它体现皇权和道教所需要的"庄严、威武、玄妙、神奇"的氛围。

往事如烟，当年修建武当山的30万众，已悄然逝去。而留在武当山下的水井，似乎还在诉说着当年武当山修建时的浩大工程。

紫霄宫是武当山最像北京故宫的建筑群，也是武当山现存古建筑群中规模最宏大、保存最完整的道教建筑之一。这里与北京故宫不同的是，故宫的建筑

武当山太和殿铜碑局部

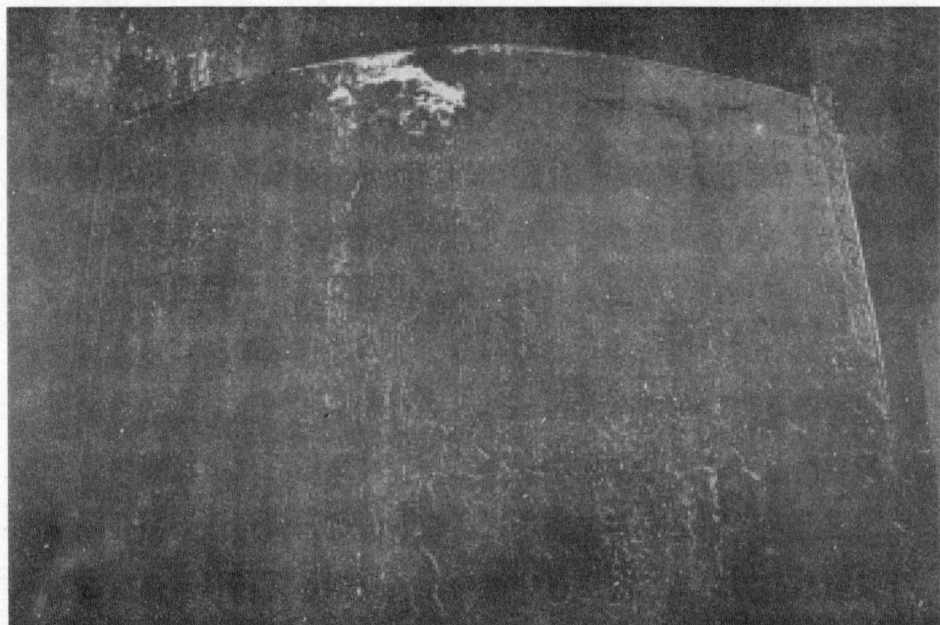

武当山古建筑群

所用的是红墙黄瓦，而武当山用的是红墙绿瓦。在中国古代只有皇帝才能使用黄瓦。

紫霄殿是武当山最具有代表性的木构建筑，其建筑式样和装饰具有明显的明代特色，殿内有金柱 36 根，供奉玉皇大帝塑像。

武当山各宫观中神像、供器、法器及宝幡、神帐等设施多为皇室钦降，富丽无比。当时盛传武当山道场是"富甲天下"的"黄金白银"世界。

这些建筑在艺术上、美学上都达到了

威武的石狮日夜守卫着这些建在悬崖峭壁上的恢宏建筑

武当山石碑

极为完美的境界，有着丰富的中国古代文化和科技内涵，是研究明初政治和中国宗教历史以及古建筑的实物见证。

称武当山的建筑是"峭壁上的故宫"，不仅是因为武当山的宫殿建筑大多修建于悬崖峭壁之上，更主要的原因是其宫殿建筑所营造出的"五里一底十里宫，丹墙翠瓦望玲珑"的艺术效果。

五、武当山古建筑群特征及其价值

武当山皇经堂古建筑

武当山古建筑群历经沧桑，现存四座道教宫殿、两座宫殿遗址、两座道观及大量神祠、岩庙。在布局、规制、风格、材料和工艺等方面都维持了原状。建筑主体以宫观为核心，主要宫观建筑在内聚型盆地或山助台地之上，庵堂神祠分布于宫观附近地带，自成体系。

武当山古建筑群的主要特征可以总结为：

第一，规划严密，建筑杰出。武当山古建筑群分布在以天柱峰为中心的群山之中，总体规划严密，主次分明，大小有序，布局合理。建筑位置选择，注重环境，讲究山形水脉分布疏密有致。建筑设计的规划或宏伟壮观，或小巧精致，或深藏山坳，或濒临险崖，达到了建筑与自然的高度和谐，具有浓郁的建筑韵律和天才的创造力。武当山古建筑群类型多样，用材广泛，各项设计、构造、装饰、陈设，不论木构宫观、铜铸殿堂、石作岩庙，以及铜铸、木雕、石雕、泥塑等各类神像都展现了高超的技术与艺术成就。

第二，道教建筑之瑰宝。武当山道

教建筑群始终由皇帝亲自策划营建，皇室派专员管理。现存建筑其规模之大，规划之高，构造之严谨，装饰之精美，神像、供器之多，在中国现存道教建筑中是绝无仅有的。

第三，代表了我国古代科技的伟大成就。武当山金殿及殿内神像、供桌等全为铜铸馏金，铸件体量巨大，采用失蜡法（蜡模）翻铸，代表了中国明代初年(15世纪)科学技术和铸造工业的重大发展。

第四，具有重大的历史意义。武当山建筑群的兴建，是由于明代皇帝朱棣在扩展外交的同时，对内大力推崇道教，灌输"皇权神授"思想，以巩固其内部统治，具有重大的历史和

武当山上的道士 t

武当古建筑群特征及价值

武当山铜铸钟亭

思想信仰等意义。

世界遗产委员会评价说：武当山古建筑中的宫阙庙宇集中体现了中国元、明、清三代世俗和宗教建筑的艺术成就。古建筑群坐落在沟壑纵横、风景如画的湖北省武当山麓，在明代期间逐渐形成规模，其中的道教建筑可以追溯到 7 世纪，这些建筑代表了近千年的中国艺术和建筑的最高水平。

武当山古建筑群